OPERA VIVA

WOLFGANG AMADEUS MOZART:
DIE ENTFÜHRUNG AUS DEM SERAIL

MOLDEN
VERLAG

WOLFGANG AMADEUS MOZART:
DIE ENTFÜHRUNG AUS DEM SERAIL

Erzählt von Klaudia Kadlec
mit Illustrationen von Andreas Rosenberg

MOLDEN VERLAG WIEN

Mein Dank gilt Ingrid Haimböck
(Direktorin des Herbert von Karajan Centrums)
und Edith Konradt, die meine Arbeit ohne Wenn und Aber unterstützt haben

Herausgegeben in Zusammenarbeit mit dem Herbert von Karajan Centrum,
unterstützt vom Bundesministerium für Unterricht und kulturelle Angelegenheiten

BMUK

Die deutsche Bibliothek - CIP-Einheitsaufnahme
Kadlec, Klaudia
Wolfgang Amadeus Mozart - Die Entführung aus dem Serail / Klaudia Kadlec
Illustrationen von Andreas Rosenberg. - Wien
Aus der Reihe OPERA VIVA
Molden Verlag 1998
ISBN 3-85485-018-2

Umschlagentwurf: Veronika Molden
Herstellung: Die Druckdenker GmbH, Wien
Druck: Druckerei Theiss GmbH, Wolfsberg

ISBN 3-85485-018-2

VORWORT

Sechs- bis zwölfjährige Kinder führen Opern auf. Nein, da wird kein Text auswendig gelernt und schon gar nichts einstudiert. Da werden Geschichten erzählt, Bilder betrachtet und vor allem Musik gehört. Eine riesige Schatztruhe wartet mit Bühnenkostümen, und bald schon werden Rollen festgelegt und Mozarts, Beethovens oder Webers Opern nachgespielt. Zwischendurch blättern die Älteren in Büchern, die Jüngeren malen schnell noch eine Szene ... Das ist OPERA VIVA. Ein Mitspieltheater, das ich am Herbert von Karajan Centrum entwickelt habe.

Die Opernspielbücher der Reihe OPERA VIVA machen Lust auf Oper. Plötzlich ist die Handlung einer Oper weniger verwirrend, denn die vielen Namen bekommen Gesichter, eine hohe Stimme nimmt die Gestalt der lieblichen Prinzessin an.

Musik hören, in einem Bilderbuch blättern, ein Märchen lesen. Oper ist gar nicht so schwierig.

Klaudia Kadlec

Im fernen Oran herrschte ein habgieriger und grausamer spanischer Tyrann. Der Name jenes Kommandanten war Lostados. Jeden, der es wagte, sich gegen ihn aufzulehnen, bestrafte er auf das Schrecklichste.
So geschah es auch dem weisen und gerechten Bassa Selim. Lostados neidete ihm Ansehen, Reichtum, vor allem aber seine wunderschöne Geliebte und sorgte dafür, dass Bassa Selim alles verlor und aus Oran vertrieben wurde. Seine Flucht verschlug ihn in die Türkei, wo er bald wieder zu hohen Ehrenstellen und zu Vermögen gelangte. Bassa Selim führte ein ruhiges und geachtetes Leben fernab seines Feindes. Jahre vergingen. Lostados und die Schmach, die jener ihm angetan, vergaß er jedoch nie.

Der Sohn des Kommandanten Lostados, Graf Belmonte, hatte sich mit Donna Konstanze verlobt. Auf der Überfahrt von Spanien nach Oran wurde sein Schiff von Seeräubern erobert und Konstanze ihm aus den Armen gerissen. Ohnmächtig musste Graf Belmonte zusehen, wie sein Liebstes auf das Piratenschiff gebracht wurde. Donna Konstanzes englische Kammerzofe Blondchen und Belmontes Diener Pedrillo verschwanden mit Konstanze.

Die Seeräuber boten ihre Gefangenen auf einem türkischen Sklavenmarkt an, und glücklicherweise kaufte Bassa Selim alle drei und nahm sie mit auf eines seiner Landgüter am Meer. In diesem Serail, einem Palast, umgeben von einem bezaubernden Garten, lebten sie fortan.
Bald verliebte sich Bassa Selim in die schöne Konstanze und überhäufte sie mit unzähligen Kostbarkeiten. Doch Donna Konstanze sehnte sich nach dem Grafen Belmonte, die vielen prächtigen

Gewänder rührten nicht ihr Herz. Ihre Dienerin Blondchen war dem Oberaufseher der Gartenanlagen, dem alten Osmin, zum Geschenk gemacht worden.
Pedrillo erwarb sich als geschickter Gärtner die Gunst des Bassa Selim und ziemliche Freiheiten. Selbst wenn eine der Haremsdamen den Garten betrat, musste sich Pedrillo nicht wie alle anderen Männer sofort zurückziehen, sondern durfte sogar – sehr zum Ärger des alten Osmin – ab und zu mit Donna Konstanze oder seinem geliebten Blondchen plaudern.

Die abenteuerliche Suche nach Donna Konstanze führt Belmonte zum Landgut des Bassa Selim. Sanft plätschern die Wellen, Pfauen stolzieren auf kunstvoll angelegten Wegen. Doch der Graf hat kein Auge für den prächtigen Garten. Nach langwierigen Erkundungen nimmt er an, dass sich seine Liebste im Inneren der abweisenden Palastmauern aufhält. Wie soll er es anstellen, in den Palast zu kommen? Wie soll er es anstellen, Konstanze zu sehen oder gar zu sprechen?

Belmonte erblickt den Oberaufseher der Gartenanlagen. Osmin hat Belmonte noch nicht bemerkt. Zu sehr ist er mit der Feigenernte beschäftigt. Außerdem verursacht ihm das freche Blondchen Kopfzerbrechen, denn gar zu widerborstig hat es bis jetzt auf seine verliebten Worte reagiert. Wenn Blondchen nur endlich sein Liebchen sein könnte! Mit tausend Küssen würde Osmin das Mädchen belohnen. Aber er würde sein Liebchen auch sofort einsperren, damit es ganz sicher nicht davonlaufen könnte.

Belmonte unterbricht Osmins Selbstgespräche: „Ist das des Bassa Selim Haus?“
Der Alte zuckt zusammen und die Leiter wackelt bedenklich. Er dreht sich zu Belmonte um. Gefährlich scheint der Fremde nicht zu sein.
Darum antwortet Osmin unfreundlich: „Das ist des Bassa Selim Haus.“
Mehr soll der merkwürdige Fremde nicht erfahren, und flugs klettert Osmin von der Leiter und will davoneilen. Doch der Graf lässt sich nicht beirren. Er möchte wissen, ob auf diesem Landgut des Bassa Selim ein Diener namens Pedrillo beschäftigt ist. Pedrillo soll Aufseher über die Gärten des Bassa geworden sein.

„Den Schurken, der sich den Hals soll brechen, den Galgenschwengel … Am liebsten ließe ich ihn heute noch verbrennen! Auf einen Pfahl gehört sein Kopf!“ schimpft Osmin.
Sein Misstrauen ist erwacht. Jemand, der sich nach dem verfluchten Pedrillo erkundigt, muss verdächtig sein, und wutschnaubend will der Alte zurück in den Palast.
So leicht wiederum lässt sich Belmonte nicht abschütteln – erst als Osmin mit Schlägen auf die Fußsohlen, der Bastonade, droht, sucht der Graf das Weite:

„Schert euch zum Teufel,
Ihr kriegt, ich schwöre,
sonst ohne Gnade
die Bastonade,
noch habt Ihr Zeit,
noch habt Ihr Zeit!“

Ein zweiter Schurke wie Pedrillo, ein zweiter, der nächtens Ständchen vor den Zimmern der Mädchen singt und auch sonst nichts als Schwierigkeiten im Harem macht, kommt mir nicht in den Palast. Gift und Dolch! Da kommt er ja, der Galgenschwengel!“ empfängt Osmin den kecken Pedrillo.
„Nun, wie steht's, Osmin? Ist der Bassa schon zurück von seiner Bootsfahrt?“ fragt Pedrillo, und spitzbübisch schielt er nach den Feigen:
„Hast du die köstlichen Früchte für mich gepflückt?“
„So weit kommt es noch! Gift für dich, verwünschter Schmarotzer!“ poltert Osmin.
Pedrillo schlägt vor, Frieden zu schließen – aber Osmin kann Pedrillo nun einmal nicht leiden und möchte ihn am liebsten erdrosseln. Aber nicht nur erdrosseln, noch einige andere Qualen kann Osmin sich vorstellen:

„Erst geköpft,
dann gehangen,
dann gespießt
auf heiße Stangen,
dann verbrannt,
dann gebunden
und getaucht,
zuletzt geschunden …“

Pedrillo malt sich die verschiedenen Foltern aus. „Was bist du für ein grausamer Kerl!“ ruft er entsetzt aus. „Was habe ich dir denn zu Leide getan?“ Osmin antwortet nicht und geht in sein Haus. „Geh nur, verwünschter Aufpasser, es ist noch nicht aller Tage Abend!“ ruft Pedrillo dem Alten nach.

Endlich kann sich Belmonte aus seinem Versteck wagen. „Seid Ihr es wirklich, Herr?“ vermag Pedrillo seinen Augen kaum zu trauen. All die kühnen Fluchtpläne, die sich Pedrillo in vielen schlaflosen Nächten ausgedacht hat, könnten Wirklichkeit werden. Sogleich weiht er seinen Herrn ein. Belmonte ist nicht minder erfreut, erfährt er denn nun endlich, dass seine Konstanze ihm noch treu ist, obwohl Bassa Selim nichts unversucht lässt, um sie zu erobern. Eben jetzt unternimmt der Bassa mit Konstanze eine Lustfahrt auf dem Wasser. Die Treue Konstanzes beruhigt den Grafen. Aber ob sie ihn noch wahrhaftig liebt? Zu lange, denkt er, ist sie schon von ihm getrennt. Vielleicht hat sie ihn ganz und gar vergessen? Die Überlegungen Belmontes beeindrucken Pedrillo. Er war sich der Liebe seines Blondchens sicher, aber wenn er genau nachdenkt … Das wäre entsetzlich! Der alte Osmin hat seinem Blondchen

seit dem ersten Tag nachgestellt. Und Belmonte spricht aus, was sein Diener gut verstehen kann: „Meine Gefühle für Konstanze haben sich nicht geändert. Ganz im Gegenteil, ich liebe Konstanze mehr als je zuvor.“
Pedrillo nickt zustimmend, schließlich geht es ihm mit seinem Blondchen genauso.

Auf einem prächtigen Schiff kehrt Bassa Selim mit Konstanze von seinem Ausflug zurück. Die besten Soldaten des Bassa, Janitscharen genannt, begrüßen und preisen ihren Gebieter. Nach wie vor hofft der Bassa auf Konstanzes Liebe. Doch weder der schöne Abend noch die reizende Musik vermögen sie umzustimmen. Konstanze kann die Gefühle des Bassa nicht erwidern. Sie hat ihrem geliebten Belmonte Treue geschworen und ihm ihr ganzes Herz geschenkt. Sollte auch die Zuneigung des Bassa plötzlich in Hass umschlagen, nichts könnte Konstanze umstimmen. Selbst wenn der Bassa anfinge, grausam mit ihr zu verfahren, sie zu quälen oder zu foltern, sie bliebe ihrem Belmonte treu.
„Ich will Euch dienen und Eure Sklavin sein bis ans Ende meines Lebens!" ruft Konstanze verzweifelt. „Aber verlangt nicht, Euch zu lieben. Ich habe Belmonte ewige Treue geschworen. Eher will ich sterben, als meinen Schwur brechen."
Wütend gewährt der Bassa ein letztes Mal Aufschub. Bis zum nächsten Morgen.
„Oh, ich unglückliches Mädchen!" seufzt Konstanze.
Zwei Janitscharen bringen sie zurück in den Palast.

Pedrillo und Belmonte nähern sich. „Mein Herr, soeben ist dieser Baumeister aus Italien angekommen. Mit Fleiß ist er zu einigem Ruhm und Ansehen gelangt. Nun ist er hier, um Euch, dem reichen und mächtigen Bassa, seine Dienste anzubieten", ergreift Pedrillo die Gunst der Stunde, um den Grafen Belmonte vorzustellen. Froh über die Ablenkung, erklärt sich der Bassa sofort bereit, Belmonte anzustellen:
„Du gefällst mir", meint er, „ich will sehen, was du

kannst." Der Bassa weist Pedrillo an, für Belmontes Unterhalt zu sorgen.

Der erste Schritt ist getan. Belmonte befindet sich innerhalb der Palastmauern.
„Triumph, Herr! Triumph!" Belmonte fällt es schwer, in Pedrillos Jubel einzustimmen. Er ist

noch ganz benommen, denn eben, wenn auch nur aus der Ferne, hat er seine geliebte Konstanze gesehen. Alles will er für sein treues Mädchen wagen! Wenn er sie nur sprechen könnte! Sehnsüchtig starrt er auf die verschlossene Palasttür.
„Wir müssen schleunigst aus dem Garten", treibt Pedrillo den Grafen zur Eile an, „und etwas vorsichtiger müssen wir sein, mein Herr, denn hier ist alles Aug' und Ohr!"

Auch wenn der Bassa von Belmontes Harmlosigkeit überzeugt werden konnte, Osmin bleibt misstrauisch: „Der Bassa ist weich wie Butter, mit dem könnt ihr machen, was ihr wollt. Aber ich habe eine feine Nase. Und ihr riecht mir nach Spitzbuben! Ihr kommt nicht in den Palast herein. Osmin schläft nicht. Abgefeimte Betrüger seid ihr! Vermutlich habt ihr schon vor langer Zeit ein Plänchen angelegt, aber wartet nur! Ich

werd's euch zeigen. Weg von der Tür, sonst schlag' ich drein."
Umsonst, Osmins Schimpfen und Zetern nützt nichts. Und es nützt auch nichts, dass er sich vor die Tür stellt. Belmonte und Pedrillo lassen sich nicht aufhalten. Sie schieben Osmin zur Seite und spazieren in den Palast.

Ich dein Herr, du meine Sklavin! Ich befehle, du musst gehorchen!"
Osmin hat mit seinem Geschenk nicht die rechte Freude. „Dieses widerspenstige englische Mädchen begreift nicht, dass es mir und nur mir gehört", verliert Osmin bald die Geduld.
„Denkst du alter Murrkopf etwa, eine deiner üblichen Sklavinnen vor dir zu haben, die bei deinen Befehlen zittert?" lacht Blondchen fröhlich. „Nein, Osmin! Da irrst du dich gewaltig!"
Mit europäischen Mädchen wie Blondchen springt man nicht so um, denen begegnet man anders. Osmin muss lernen, dass Mädchen keine Ware zum Verschenken sind – und Blondchen ist eine ausgezeichnete Lehrmeisterin.
„Ich bin Engländerin, zur Freiheit geboren – und keiner kann mich zu etwas zwingen!" ruft sie.
Osmin wütet. Ein Mädchen wie Blondchen ist ihm noch nicht untergekommen. Eine Sklavin, die droht! Nein, danke. Nicht auszudenken, wenn sie auch noch andere Haremsmädchen rebellisch machte. Aber Blondchen gefällt dem alten Osmin gar zu gut. Was könnte er anstellen, um ihre Gunst zu gewinnen? Ob sie ihn lieber hätte, wenn er jünger wäre?
„Vielleicht liebt Blondchen diesen frechen Pedrillo?" denkt Osmin laut.
„Erraten!" stimmt Blondchen gut gelaunt zu. „Der niedliche Pedrillo ist mir tausendmal lieber wie dein Blasebalg-Gesicht."

„Gift und Dolch!“ flucht Osmin. „Nun reißt mir die Geduld! Ab ins Haus mit dir.“
Blondchen fürchtet sich nicht und verschwindet auch nicht ins Haus. Im Gegenteil: Wenn Osmin sie nicht in Ruhe lässt, dann wird sie Konstanze bitten, beim Bassa fünfzig Hiebe auf Osmins Fußsohlen zu bestellen, und wie Osmin weiß, erfüllt der Bassa seiner Lieblingsgefangenen jeden Wunsch. Wieder bleibt Osmin nichts anderes übrig, als nachzugeben. Aber wehe, wenn er Blondchen bei Pedrillo erwischt!

„Ja, was ist dann?“ erkundigt sich Blondchen. „Ich kann dir sagen, Osmin, was dann sein wird: Die Augen werde ich dir auskratzen, wenn du mich weiter belästigst.“
Niedergeschmettert schleicht Osmin davon. Gegen das freche Mädchen zieht er immer den Kürzeren, und Blondchen lacht vergnügt vor sich hin.

Konstanze sehnt sich nach längst vergangenen Zeiten. Bitter empfindet sie ihr Los, denn ihrem geliebten Belmonte ist sie jäh entrissen worden. Sie klagt:
„Selbst der Luft darf ich nicht sagen meiner Seele bittern Schmerz.“
Sie bangt dem nächsten Morgen entgegen. Wenn

doch nur Belmonte mit Lösegeld auftauchte! Eine Flucht aus dem Palast erscheint ausgeschlossen. Zu gut lässt der Bassa jeden Ausgang bewachen.

Da kommt er ja! Der Bassa erinnert Konstanze: „Der Tag ist bald verstrichen, Konstanze. Morgen musst du mich lieben, oder …"

Nur der Bassa kann ihr die Freiheit schenken. Verzweifelt versucht Konstanze, ihn umzustimmen. „Nie werde ich Euch lieben, Herr! Es hat keinen Sinn, Euch länger hinzuhalten – ich werde immer so denken wie jetzt. Verehren ja, das ist eine Möglichkeit – aber lieben kann ich Euch nimmermehr! Man kann nun einmal nicht alles befehlen. Auch wenn man so mächtig ist wie Ihr, Herr!"

Der Bassa vermag den Widerstand Konstanzes nicht zu glauben:

„Hast du denn keine Angst vor mir?"

„Nicht im Geringsten", antwortet Konstanze tapfer. „Der Tod ist das Schlimmste, was ich erwarten kann, und auch davor fürchte ich mich nicht."

Der Bassa verliert nun die Geduld.

„Elende!" ruft er aus. „Nein, sterben sollst du nicht – aber Martern aller Arten wirst du erleiden."

Auch diese Drohung fruchtet nichts. Ein letztes Mal beschwört Konstanze den Bassa, sie zu verschonen: Sein Lohn möge ihm im Himmel zuteil werden. Sie jedoch wird ihre Meinung nie ändern.

Nun möchte sie in ihr Zimmer und allein sein. In der Tür dreht sie sich noch einmal um und wiederholt:

„Ich fürchte weder Foltern noch den Tod."

„Wo hat Konstanze auf einmal den Mut her, sich so gegen mich aufzulehnen? Hat sie vielleicht Hoffnung, mir zu entkommen?" überlegt der Bassa.

Pedrillo sucht Blondchen: „Bst, bst … Blondchen! Ist die Luft rein? Ich habe Neuigkeiten, die dich entzücken werden."
Dafür wünscht Pedrillo einen recht herzlichen Kuss von seinem lieben Mädchen.
Blondchen erfährt, dass Graf Belmonte angekommen ist und unter dem Namen eines italienischen Baumeisters im Palast eingeführt wurde. Unverzüglich möchte Blondchen zu Konstanze, um ihr die frohe Botschaft zu überbringen.
Doch zuvor weiht Pedrillo Blondchen in den Entführungsplan ein.
Dem Wächter Osmin soll ein Schlafmittel in eine große Flasche Wein gefüllt werden.
Um Mitternacht wird Belmonte mit einer Leiter zu Konstanzes Fenster kommen und Pedrillo zu Blondchens Fenster. Ganz in der Nähe des Palastes wartet Belmontes Schiff, bereit, in See zu stechen.

„Kann Konstanze den Grafen nicht sprechen?" fragt Blondchen.
„Sobald die Sonne untergeht, kommt Belmonte hierher in den Garten. Geh und bereite Konstanze vor!"

Überglücklich springt Blondchen davon. Alles scheint sich zum Guten zu wenden.

Pedrillo ist etwas mulmig ums Herz. Um sich Mut zu machen, stimmt er ein Lied an:

„Frisch zum Kampfe,
frisch zum Streite,
nur ein feiger Tropf verzagt,
nur ein feiger Tropf verzagt!"

Der Lärm im Garten bleibt nicht unbemerkt. Misstrauisch beäugt Osmin Pedrillos Treiben. „Ha! Geht's hier lustig zu. Was gibt es denn zu feiern?" will der Alte wissen.

„Ei, wer wird so ein Kopfhänger sein, es kommt beim Henker nichts dabei heraus!" erwidert Pedrillo munter.

„Fröhlichkeit und Wein versüßen die härteste Sklaverei. Ihr armen Schlucker könnt das nicht begreifen, was für ein Lustigmacher so ein Gläschen Wein ist. Euer Mohammed hat euch den Wein verboten, ihr seid wirklich zu bedauern! Wenn das verwünschte Gesetz nicht wäre, müsstest du ein Gläschen mit mir trinken", fordert Pedrillo den Oberaufseher Osmin auf.

Dem läuft bereits das Wasser im Mund zusammen. Wie gern würde er ein Fläschchen öffnen und den köstlichen Trunk probieren! Pedrillo schwärmt von den Vorzügen des edlen Tropfens.

Eine große und eine kleine Flasche eines vortrefflichen Zypernweines hat er hinter einem Baum versteckt. Ob Osmin anbeißt? Pedrillo holt die ungleichen Flaschen hervor und schlägt Osmin vor, mit ihm zu trinken. Osmin ist empört:
„Wein trinken mit dir? Ja Gift und Do …“
„Immer Gift und Dolch und Dolch und Gift! Sei doch einmal vernünftig und sieh dir diese Flaschen eines köstlichen Zypernweines an!“ unterbricht Pedrillo, setzt sich im Türkensitz auf die Erde und greift nach der kleinen Flasche.
„Das ist ein Wein, das ist ein Wein!“ seufzt er zufrieden.
Osmin rutscht unruhig hin und her. Gar zu gern hätte er von dem verbotenen Trank gekostet. Wenn er Pedrillo nur vertrauen könnte …
„Koste auch einmal die große Flasche!“ schlägt Osmin vor, denn wenn Osmin gegen die Gesetze Mohammeds verstoßen will, dann soll es sich

lohnen! Und diesem Schurken Pedrillo ohne weiteres zu vertrauen, wäre doch unbedacht!
Pedrillo fragt beleidigt:
„Denkst du wohl gar, ich habe Gift hinein getan? Lass dir deshalb keine grauen Haare wachsen.“
Er setzt an und nimmt einen kleinen Schluck aus der großen Flasche. Osmin beobachtet ihn genau. Nichts passiert. Osmins Bedenken sind schnell

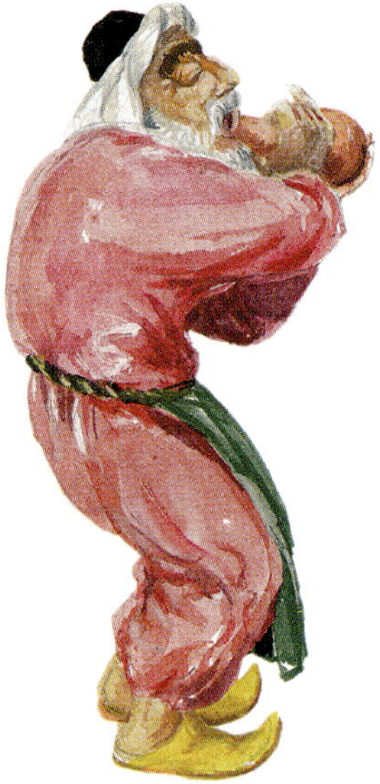

zerstreut. Sorgfältig sieht sich der Alte noch einmal um.
„Du verrätst mich nicht! Wehe dir, Pedrillo, wenn jemand von unserem kleinen Gelage erfährt!“ warnt Osmin.
Nun kann ihn nichts mehr halten. Die große Flasche angesetzt, der erste Durst ist bald gelöscht, und er stimmt in Pedrillos Loblied auf den Gott des Weines ein:

„Vivat Bacchus,
Bacchus lebe,
Bacchus war ein braver Mann!“

„Der Wein“, meint Pedrillo, während er aus der kleinen Flasche trinkt, „ist mir lieber als Geld und manchmal sogar lieber als mein Mädchen. Denn selbst wenn ich verdrießlich, mürrisch und schlecht gelaunt bin, macht mir diese Flasche kein böses Gesicht.“

Der Wein tut seine Wirkung: Osmin wird ruhiger. Das Schlafmittel macht ihn träge und müde.
„Das ist wahr – Wein – Wein – ist ein schönes Getränk – Gift und Dolch – es ist doch eine hübsche Sache um den Wein – nicht wahr – Bruder Pedrillo?“ stammelt er.
„Richtig, Bruder Osmin, richtig!“ bestärkt ihn Pedrillo.

Osmin wird schläfriger und schläfriger. Zuweilen nickt er ein. Die große Flasche ist geleert. Osmin verlangt nach mehr Wein:
„Hast du nichts mehr, Bruder?“
„Hör, du Alter, trink mir nicht zu viel. Es kommt einem in den Kopf“, warnt Pedrillo.
„Hab keine Sorge, ich bin so – so – so nüchtern wie möglich“, erwidert Osmin.

Er steht auf und wankt hin und her. Nun wird es Zeit, Osmin fortzuschaffen.
„Komm, Alter, wir wollen schlafen gehen!“
Pedrillo hebt Osmin auf. Der wehrt sich, obwohl er nur mehr lallen kann:
„Schlafen – schämst du dich nicht? Gift und Dolch – Gift und Dolch – Gift und Dol …“
Endlich kann Pedrillo den betrunkenen Osmin ins Haus schaffen.

Zurück im Garten, trifft Pedrillo wie vereinbart den Grafen Belmonte.
Er berichtet seinem Herrn:
„Osmin hat seine Ladung. Hoffentlich hält das Schlafmittel bis Mitternacht an. Er könnte ja bis dahin leicht wieder ausgeschlafen haben."
Der Graf hört seinem Diener kaum zu. All seine Gedanken gelten Konstanze, die er in Kürze wiedersehen soll.
Im Palast sagt man, dass sie die Geliebte des Bassa Selim wäre. Wenn das stimmte! Wäre das Abenteuer nur schon glücklich überstanden, und könnte endlich in Spanien Hochzeit gefeiert werden!
Da kommt sie, gefolgt von Blondchen. Konstanze eilt auf den Grafen zu und umarmt ihn.
„Oh, mein Belmonte! Nach so vielen Tagen der Angst, nach so viel ausgestandenen Leiden bin ich endlich wieder in deinen Armen."
Tränen der Freude fließen über ihre Wangen. Auch Graf Belmonte bleibt nicht ungerührt. Er beeilt sich, die Tränen von Konstanzes Wangen zu küssen.
Doch trotz aller Wiedersehensfreude möchte sich der Graf der Treue seiner Verlobten vergewissern.
„Man sagt – man sagt – du seist – man sagt – du seist", stottert er verlegen.
„Nun, weiter", ermuntert Konstanze ihren Geliebten.
„Ein Gerücht ist mir zu Ohren gekommen. Zürne nicht, wenn ich dich frage, ob du den Bassa liebst."

Mit halbem Ohr hat Pedrillo der Unterhaltung des Grafen mit Konstanze gelauscht. ‚Es kann auf keinen Fall schaden, wenn auch ich mein Blondchen genauer über ihre Beziehungen

zum alten Osmin befrage. Man kann sich nie sicher sein‘, denkt Pedrillo.
Gedacht, getan! Während aber Konstanze erneut zu weinen beginnt, antwortet Blondchen ihrem Pedrillo mit einer schallenden Ohrfeige.
„Hans Narr! Schnappt's bei dir über?“ schimpft sie. „Mit dem alten, dummen Tropf! Das von mir zu denken!“
Kleinlaut bittet Pedrillo um Vergebung, und auch dem Grafen bleibt nichts anderes zu tun übrig. Beide bereuen zutiefst, und deshalb verzeihen ihnen die Damen bald.

Allerlei Gestalten schleichen durch den nächtlichen Garten. Die Vorbereitungen zur Entführung sind in höchstem Gange.
Klaas, der Schiffsjunge, hat die erste Leiter soeben abgestellt und läuft, um die zweite von Bord zu holen. Pedrillo warnt den Schiffsjungen, hübsch leise zu sein. Jeder Lärm könnte den Tod bedeuten. Klaas bringt die zweite Leiter – und wird geschickt, um die Anker zu lichten und die Segel aufzuspannen. Die Abreise muss schnell vonstatten gehen.

Eine Janitscharenwache macht stündlich die Runde durch den Palast.
Beklommen wartet Pedrillo auf den Grafen Belmonte. Endlich! Da ist er! Ein wenig muss noch die Gegend um den Palast ausspioniert werden. Pedrillo schleicht davon. Unheimlich legt sich die Stille auf Belmontes Brust. Pedrillo kehrt zurück.
„Alles liegt auf dem Ohr. Die Luft ist rein“, meldet Pedrillo.
Die Leitern werden zurechtgerückt. Pedrillo holt seine Mandoline hervor und singt das vereinbarte Ständchen.

„Im Mohrenland gefangen war
ein Mädel hübsch und fein;
sah rot und weiß, war schwarz von Haar,
seufzt' Tag und Nacht und weinte gar,
wollt' gern erlöset sein.

Da kam aus fremdem Land daher
ein junger Rittersmann,
den jammerte das Mädchen sehr.
Ha! rief er, wag' ich Kopf und Ehr',
wenn ich sie retten kann."

Ungeduldig unterbricht Belmonte Pedrillos Gesang.
„Wo bleiben die Mädchen nur? Nichts regt sich. Entweder schlafen sie fester als jemals zuvor, oder der Plan ist schief gegangen."
Pedrillo versucht es mit einer dritten und vierten Strophe:

„Ich komm' zu dir in finstrer Nacht,
lass, Liebchen, husch, mich ein!
Ich fürchte weder Schloss noch Wacht.
Holla! Horch auf, um Mitternacht
sollst du erlöset sein.

Gesagt, getan. Glock' zwölfe stand
der tapfre Ritter da.
Sanft reicht' sie ihm die weiche Hand,
früh man die leere Zelle fand,
fort war sie, hopsasa!"

Pedrillo klettert die Leiter hinauf, wo ihn Blondchen empfängt und in ihr Zimmer lässt. Ein Fenster wird geöffnet. Konstanze beugt sich heraus und winkt Belmonte. Der steigt hurtig über die zweite Leiter in Konstanzes Zimmer und geleitet sie durchs schlafende Haus. Sie eilen zur Tür hinaus. Nichts soll die Liebenden mehr trennen.

Was ist das für ein Lärm?" Osmin und sein stummer Diener öffnen die Tür. Schlaftrunken hebt Osmin die Laterne. Der Diener entdeckt die Leiter an Blondchens Fenster. „Gift und Dolch! Was ist das? Wer kann ins Haus steigen? Das sind Diebe und Mörder!"
Immer noch nicht ganz wach, taumelt Osmin gegen die Leiter.
„Hurtig, hole die Wachen!" befiehlt er. „Ich will unterdessen hier lauern."
Osmin setzt sich auf die Leiter – und nickt ein. Pedrillo will mit Blondchen durch das Fenster, als er Osmin erblickt, schreckt er zurück.
Blondchen ruft entsetzt: „Oh Himmel, Pedrillo, wir sind verloren!" und weckt damit Osmin auf.
„Warte, Spitzbube, du sollst mir nicht entkommen. Hilfe, Hilfe! Wache!" schreit Osmin.
Geschwind eilen die Janitscharen herbei – und nehmen zuerst Osmin fest.
„Gift und Dolch! Kennt ihr mich denn nicht? Ich bin Oberaufseher der Gärten beim Bassa. Wenn ihr noch lange zaudert, entkommen die Entführer mit den Mädchen!"
Die Wachen werden mit Fackeln ausgerüstet, daher dauert die Suche nach den Flüchtigen nicht allzu lange. Pedrillo und Blondchen werden hinter einem Baum aufgegriffen.
„Gift und Dolch! Warte, spitzbübischer Pedrillo, dein Kopf soll nicht mehr lange fest stehen!" freut sich Osmin.
„Aber ich wollte doch nur dein Weibchen ein wenig spazieren führen. Erinnere dich, du konntest nicht, du weißt schon: wegen des Z-y-p-e-r-n-w-e-i-n-e-s", flüstert Pedrillo Osmin ins Ohr.
Doch diesmal kann er Osmin nicht überzeugen.
„Schurke! Glaubst du, ich habe nicht bemerkt, dass du mich betäuben wolltest? Jetzt ist dein Kopf fällig."

Osmin lässt sich nicht noch mal hereinlegen. Die Wachen führen Belmonte und Konstanze vor. Der Graf bietet dem Alten einen Beutel Gold oder auch doppelt so viel, wenn er alle laufen lässt – doch Osmin ist unbestechlich. Zu sehr hat er sich auf diesen Augenblick gefreut. Triumphieren will er, wenn die Fremden später zum Richtplatz geführt werden. Und noch mehr will er triumphieren, wenn man ihnen die Hälse zuschnürt.

Das laute Treiben im Garten stört den Schlaf des Bassa Selim. Er schickt einen Offizier zu Osmin und möchte über den nächtlichen Aufruhr unterrichtet werden.
„Die niederträchtigen Christensklaven entführen uns – die Weiber“, meldet Osmin.
„Konstanze? Entführt?“
Mit Entsetzen vernimmt der Bassa die unerfreuliche Nachricht: „Setzt ihnen nach!“
„Es ist schon dafür gesorgt. Meiner Wachsamkeit hast du es zu verdanken, dass ich sie wieder beim Schopf gekriegt habe“, brüstet sich Osmin.

Belmonte und Konstanze werden auf Befehl des Bassa Selim hereingebracht. Konstanze fällt auf die Knie und fleht:
„Herr, ich bin strafbar in deinen Augen, aber dies hier ist Graf Belmonte, mein einziger Geliebter, dem schon lange mein Herz gehört. Oh lass mich sterben! Gern will ich den Tod erdulden, aber schone sein Leben.“
Auch Belmonte kniet vor dem Bassa nieder.
„Noch nie hat dieses Knie sich vor einem Menschen gebeugt. Aber sieh, hier lieg’ ich zu deinen Füßen und flehe dein Mitleid an. Ich bin von einer großen spanischen Familie. Man wird alles für mich und Konstanze zahlen. Bestimme ein Lösegeld, so hoch du willst. Mein Name ist Lostados.“

„Was höre ich?“ staunt Bassa Selim. „Der Kommandant von Oran, ist er dir bekannt?“
Hoffnungsvoll ruft Belmonte: „Das ist mein Vater!“
„Dein Vater?“ fährt der Bassa auf.
„Welch glücklicher Tag! In meiner Gewalt befindet sich der Sohn jenes Mannes, der mich um alles gebracht und mich aus Oran vertrieben hat. Sag, was denkst du? Was würde dein Vater an meiner Stelle tun?“ fragt Bassa Selim.
„Mein Schicksal würde zu beklagen sein“, antwortet Belmonte niedergeschlagen.
„Das soll es auch sein. Wie er mit mir verfahren ist, will ich mit dir verfahren“, kündigt der Bassa an. „Osmin, komm mit mir. Ich will dir Befehle zu ihren Martern geben.“

Alles scheint verloren. Belmonte und Konstanze haben nur mehr das Schlimmste zu erwarten. Wenigstens werden sie gemeinsam sterben, allein möchte ohnehin keiner von beiden weiterleben. Ruhig harren sie ihres Schicksals.

Nicht viel anders geht es Pedrillo. Die Janitscharen zerren ihn mit seinem Blondchen in Bassa Selims Gemächer.
Im Vorbeigehen hört Pedrillo Osmins Foltervorschläge: Zuerst soll er in Öl gesotten und anschließend gespießt werden.
„Was werden sie wohl mit Blondchen anfangen?“ überlegt er laut.
„Das ist mir gleich. Da ich nun einmal sterben muss, ist es mir egal wie“, meint das tapfere Blondchen.

Am Morgen versammeln sich alle Palastbewohner, Janitscharen und Sklaven zur Urteilsverkündung.

„Nun, Sklave! Elender Sklave! Zitterst du? Erwartest du dein Urteil?“ beginnt Bassa Selim.
Demütig tritt Belmonte vor: „Ja, Bassa. Ich erwarte alles und tadle nicht. Kühlt Eure Rache an mir, tilgt das Unrecht, das mein Vater Euch angetan!“
Mit Spannung blicken alle auf den Bassa. Welche Strafe hat er festgesetzt?
Endlich beginnt Bassa Selim zu sprechen:
„In deiner Familie mag es Sitte sein, immer neue Freveltaten zu begehen. Ich habe deinen Vater viel zu sehr verabscheut, als dass ich je in seine Fußtapfen treten könnte. Nimm deine Freiheit, nimm Konstanze, segle in dein Vaterland. Berichte deinem Vater, dass du in meiner Gewalt warst, dass ich dich freigelassen, um ihm sagen zu können, es wäre ein weit größeres Vergnügen, eine erlittene Ungerechtigkeit durch Wohltaten zu vergelten, als Verbrechen mit neuen Verbrechen zu tilgen.“
Die Menschenmenge raunt. Damit hat niemand gerechnet! Bassa Selim schenkt Konstanze und Belmonte die Freiheit.
„Herr! Du setzest mich in Erstaunen“, hebt Belmonte an.
Aber Bassa Selim unterbricht den Spanier verächtlich: „Das glaube ich. Ziehe damit hin, und werde du wenigstens menschlicher als dein Vater! Und du, Konstanze – ich hoffe, dass du es nie bereuen möchtest, mein Herz ausgeschlagen zu haben.“

Bassa Selim wünscht, sich zurückziehen. Da tritt ihm Pedrillo, Blondchen an der Hand, in den Weg und fällt ihm zu Füßen.
„Herr, dürfen wir beide Unglücklichen es wagen, um Gnade zu flehen? Ich war von Jugend auf ein treuer Diener meines Herrn Belmonte“, bittet Pedrillo.

„Lass dich ja nicht von dem verwünschten Schmarotzer hintergehen. Keine Gnade! Er hat schon hundertmal den Tod verdient", zischt Osmin.
Doch der Bassa schenkt auch Pedrillo und Blondchen die Freiheit.
„Man begleite alle vier auf das spanische Schiff", befiehlt er den Wachen. Voll Freude fallen sich Pedrillo und Blondchen in die Arme.
„Gift und Dolch! Ich könnte bersten vor Wut", ärgert sich Osmin, der Blondchen nun für immer verloren hat.

„Wen man durch Wohltun nicht für sich gewinnen kann, den muss man sich vom Halse schaffen", tröstet der weise Bassa Selim seinen Oberaufseher.

Ewigen Dank schwören die Liebenden. Die Janitscharen jubeln Bassa Selim zu. Sie preisen ihren gerechten und gütigen Herrscher. Dann geleiten sie den Grafen Belmonte mit seiner Verlobten, Donna Konstanze, sowie Pedrillo und sein Blondchen aufs Schiff.

.10.08

08.01.12

Kontroll-Nr.

2000/67